PiT VOGT

GEDICHTE

I miss YOU

Texte
zwischen mir und dir

Idee, Design & Layout: P i T

<u>Impressum</u>

Herstellung und Verlag:
BoD - Books on Demand, Norderstedt
ISBN: 978-3-7528-0398-3

I miss YOU
Texte zwischen dir und mir

Nach dir

Als ich ging
War die Straße schmal
Flossen Tränen ohne Zahl
Nahezu
Ohne Ruh
Träumte ich wohl immerzu
Lang schien dieses Tal

Einsam war's
In jener stillen Zeit
Für jedes dunkle Date bereit
Einfach so
Nicht mehr froh
Blieb die Hoffnung irgendwo
In jener stillen Zeit

Eines Tags
Ward ich wieder stark
Wieder neu, der junge Tag
Nahezu
Ohne Ruh
Träumte ich nun immerzu
Von dem, was vor mir lag

Gern

Gern wär ich noch hier geblieben
Doch der Wind war mir zu rau
Hätt hier gern noch viel geschrieben
Gern wär ich noch hier geblieben
Doch der Himmel schien nicht blau

Gern bin ich nicht fort gegangen
Kannte manchen Weg und Steg
Doch hier rochs so abgehangen
Bin ins ferne Land gegangen
Weil man mich hier nicht versteht

Gern hätt ich mit Euch gesungen
Doch ihr kennt die Töne nicht
Hab hier nicht mein Glück gefunden
Ach, ich hätt so gern gesungen
Aus der Heimat flieht man nicht

Gern wär ich zurückgekommen
Doch bei Euch ists mir zu kalt
Such vergeblich nach der Sonnen
Wär so gern zurückgekommen
Doch bei Euch fühl ich mich alt

Irgendwas

Du kamst nach Hause, irgendwann
Ich fragte nicht nach dem „Woher"
Du warst ein sehr gestresster Mann
Und kamst nach Hause – irgendwann
Nach Liebe fragtest du nicht mehr

Du legtest dich allein aufs Bett
Und schliefst ganz ohne Worte ein
Du lächeltest nicht einmal nett
Du legtest dich nur auf dein Bett
Mir blieb nur eine Flasche Wein

Ich schaute dich sehr lange an
Du lagst nur da und schienst so fern
Du warst ein sehr gestresster Mann
So lange schaute ich dich an
Wo blieb nur unser Liebesstern

Ich zog mich an und schlich mich fort
Mit meinen Koffern, dick und schwer
Ich wollt nur weg von diesem Ort
Und zog mich an und schlich mich fort
Du kamst mir niemals hinterher

Die S- Bahn fuhr irgendwohin
Zum Eck-Hotel am Schluss der Zeit
Für ein paar Euro durch Berlin
Ein fremder Mann – kein neuer Sinn
Ein Drink allein – das Glück so weit

Erinnerungen sind so schwer
Und nachts ist's kühl in dieser Stadt
Du kamst mir niemals hinterher
Und ich und du, das wog so schwer
Die Straßen leuchten fremd und matt

Nackt

Nackt durch breite Straßen ziehn
Mit der U-Bahn durch Berlin
Mit dir tanzen durch die Nacht
Hast mich um den Schlaf gebracht

Heiße Liebe bis um 4
Halt mich fest, du wildes Tier
Küss mich jetzt, lass mich nicht los
Nur die Liebe macht uns groß

Milchkaffee im Café „*Blix*"
Wenn Du da bist, fehlt mir nix
Komm, heut fliegen wir ans Meer
Du bist da und nichts ist schwer

Düsterer Ort

Irgendwo in dieser Stadt
Dort, wo keiner Namen hat
Fand ich dich am Rand der Zeit
Warst zu schnellem Sex bereit
Dort, am Ende aller Zeit
Irgendwo in dieser Stadt

Warfst dir harte Drogen ein
Bloß nichts fühln
Das muss so sein
Träume, Liebe gibt's hier nicht
Niemand schaut dir ins Gesicht
Traum und Hoffnung gibt's hier nicht
Selbst das Bier ist selten rein

Tränen netzten deinen Blick
Wolltest Freiheit, nur ein Stück
Irgendwo in dieser Stadt
Wo kein Mensch mehr Namen hat,
bliebst du hungrig, warst nicht satt
Sehnsucht netzte deinen Blick

Als ich ging, bliebst du zurück
Bliebst im Schatten, ohne Glück
Irgendwo im Hinterhaus
stirbt so manche graue Maus
Dort hält's keiner lange aus
Kann man leben ohne Glück

Und schon bald fuhr ich nach Haus
Hier sieht alles anders aus
Trank den Sekt, so gegen 4
War doch noch so nah bei dir
Schloss die dicke Eingangstür
Weit entfernt vom Hinterhaus

Wieder da

Er ist wieder da
Von irgendwo
Er ist wieder hier
Ganz einfach so

Er lebt anderswo
Er hatte wohl Glück
Ich liebe ihn so
Er ist zurück

Er war so weit fort
Jetzt ist er hier
Ganz ohne ein Wort
Er ist wieder da

Bei Dir

Bei Dir bin ich wohl immer gern
Auf diesem weit entfernten Stern
In meinem Traum ist's gar nicht weit
Von Abschieden schon längst befreit
So nah am Herz und doch so fern

In jeder Nacht komm ich zu dir
An diesen Ort – bis früh um 4
Wo die Gedanken zeitlos sind
Wo ich geblieben noch ein Kind
Erinnerungen ziehn in mir

Dämmern

Es dämmert schon,
Ein Duft zieht um mein Häuschen
An diesem Ort
Zieht Müdigkeit nun ein
Ich schau mich um
Da piepst ein winzig' Mäuschen
Und irgendwie
Fühl ich mich sehr allein

Ein greller Blitz
Es wird mir immer schwüler
Und Regen wäscht
Die Fenster wieder klar
Da wünscht' ich mir,
Es wäre etwas kühler
Doch nichts bleibt so,
Wies vorher einmal war

Der Sommer naht
Ich spür schon jetzt die Hitze,
Die mir so mache Stund
Den Atem mir fast nahm
Da ist auch Angst
Sie kriecht durch manche Ritze
Und reibt sich voller Lust
An meiner Seele wund

So will ich ziehn
In kühlere Gefilde
Wo manches nicht
So heiß gegessen wird
Ich mag sie nicht
Die Angst, die immer wilde
Such nach der Ruh
Und such auch mein Gesicht

Es dämmert lang
Die Nacht wird gleich beginnen
Kein Regen mehr
Und auch kein greller Blitz
Ich weiß genau,
Die Angst wird bald verrinnen
Der Sommer kommt
Und auch so mancher Witz

Die Fee

Von fern spielt eine Melodie
Und irgendwo, da sah ich sie
Ein Zauber drang ins Herze mir
Am Weihnachtsabend, gegen 4

Vom Schnee verweht ihr Angesicht
Sie tanzte leicht im Kerzenlicht
Ihr weißes Kleid – ein Sternenmeer
Und Glück und Friede um uns her

So leicht erschien mir da die Welt
Ganz ohne Leid und Hass und Geld
Ihr Lächeln schien fern aller Zeit
Mein Aug von Tränen längt befreit

Sie flog davon – sie blieb nicht hier
Am Weihnachtsabend, gegen 4
So etwas Schönes sah ich nie
Mir blieb die ferne Melodie

Herz – Schmerz

Manche Erkenntnis ist nicht schön
Denn Du bist stur und willst sie nicht
Dann willst Du bleiben und nicht gehn
So manch' Erkenntnis ist nicht schön
Du fühlst Dich wohl im Kerzenlicht

Und doch spürst Du den Stich im Herz
Du weißt genau, Dein Weg ist weit
Bleib jetzt nicht stehn, trotz allem Schmerz
Du spürst genau den Stich im Herz
Denn immer weiter läuft die Zeit

Du hast Dich hier schon eingelebt
Es ist bequem und Du bist satt
Du weißt, es ist noch nicht zu spät
Obwohl Du Dich schon eingelebt,
wirst Du bald ziehen aus der Stadt

Und eines Morgens, irgendwann,
weißt Du genau, es ist soweit
Du ziehst die Jacke wortlos an
An jenem Morgen, irgendwann
Und ziehst hinaus, fühlst Dich befreit

Du wirst ganz neue Wege gehn
So viele Menschen tun Dir's gleich
Sie ziehen fort, um zu verstehn
Auch Du wirst neue Wege gehn
Deine Erkenntnis macht Dich reich

Mona Lisa

Was für ein göttliches Gesicht
So wunderschön
Ich kann mich gar nicht satter sehn
Und dieses Lächeln,
welch wundervoller Schein
Dies kann fürwahr ein Traum nur sein

Mir ist, als sei im Himmel ich
So meisterlich
Dies unbeschreiblich Wesen
Nein, etwas Schöneres gibt's wohl nicht
Dies zauberhafte
Angesicht

Bleibt mir vielleicht für immer
In den Träumen
Und auf die Knie sink ich vor Dir

Am Ende allen Seins mit Dir
Und jenseits doch
Ein märchenhafter Schimmer

Für einen Star

Ein Film, ein Mensch, ein Angesicht
Sie ist ein Star und sieht gut aus
Sie scheint so stolz und steht im Licht
Sie trägt ein Leben im Gesicht
Man kennt sie in fast jedem Haus

Sie lacht und weint – ihr Film ist gut
Ich seh sie gern zu jeder Zeit
Und wenn sie spielt mit heißem Blut,
fühlt sich auch meine Seele gut
Ihr Spiel hat mich schon oft befreit

Doch wenn sie dann nach Hause geht,
so fern von Film und Bühnenschau,
wer fragt, ob man sie dort versteht
Wer sagt ihr, wies wohl weiter geht
Ist sie zu Haus noch stark und schlau

Vielleicht rinnt in so mancher Stund
ein Tränenmeer ins Taschentuch
Vielleicht liegt auch die Seel mal wund
Vielleicht läuft manchmal gar nichts rund
Erreicht auch sie manch bittrer Fluch

Ich weiß es nicht und freu mich sehr
Denn sie ist da und spielt für mich
Manch Schweres scheint nur halb so schwer
Sie ist ein Star- ich freu mich sehr
Ein Film, ein Mensch, ein Angesicht

Regennacht

Du kamst in jener Regennacht
Aus fernster Ferne, von weither
Du hast mich einfach angelacht
Kamst aus der dunklen Regennacht
Und machtest, dass die Sonn mir lacht
Die Zeiten waren sonst so leer

Du kamst in meine Einsamkeit
Warst einfach da und hieltst mich fest
Um uns nur kalte Dunkelheit
Du kamst in meine Einsamkeit
Und alle Tränen schienen weit
Dein Kleid, vom Regen so durchnässt

Du küsstest mir die Ängste fort
Wir sanken in ein Wolkenmeer
Du küsstest mich und sprachst kein Wort
Du küsstest mir die Trauer fort
An diesem märchenhaften Ort
Du kamst von irgendwo weit her

Der letzte Sommer

Als hell die Sonn erstrahlte,
sah sie ins Himmelblau
Der Tag ihr Lächeln malte
in jener Sonn, die strahlte
Die schöne starke Frau

Mit Schmerzen, kaum erträglich,
ging täglich sie hinaus
Der Sommer war so herrlich
Die Schmerzen unerträglich
So einsam stand ihr Haus

Am See unter den Bäumen
Lag sie so oft und gern
Sie gab sich hin den Träumen
am See, unter den Bäumen,
bis abends kam manch´ Stern

Ein Herbst zog auf von Norden
mit Stürmen, nass und kalt
Sie ist so sanft gestorben
Es kam ein Herbst von Norden
Sie wurde nicht sehr alt

Es ist so ruhig geworden
im Haus am See, beim Wald
Und wie an jedem Morgen,
wo es so ruhig geworden,
die schönste Sonne strahlt

Von ihr ist nichts geblieben
und doch scheint sie nicht fort
Ich wollt sie ewig lieben
Doch ist mir nichts geblieben
an diesem schönen Ort

Ich seh noch heut ihr Lachen,
als Sommer war im Land
Und fahr in einem Nachen,
so fern von ihrem Lachen,
am Ufer leis entlang

Es war ihr letzter Sommer
Ob sie mich hört und sieht
Mir scheint der ferne Donner
in jenem letzten Sommer
um Antwort fast bemüht

In Samt und auch in Seide
sang sie so gern vom Glück
So schwebt über der Heide,
in Samt und auch in Seide,
noch heut vom Lied ein Stück

Der Schnee deckt zu die Wipfel
Und kahl liegt Wies und Feld
Und übern steilen Gipfel,
fliegt Schnee über die Wipfel
Und ich zieh in die Welt

Morgen

Wenn die frühen Nebel
über saftge Wiesen steigen
Und ein erster Sonnenstrahl
die trüben Augen öffnen will,
möchte auch ich nicht länger
in der dunklen Nacht verweilen
Muss raus ins Leben
Denn ich hab ein gutes Ziel

Doch mag ich niemals
Deinen starken Arm vermissen,
der mich noch hält
Denn Du liegst schlafend neben mir
Viel lieber würd ich
Deinen schönen Körper küssen
An diesem Morgen
Ich spüre herbe Lust nach Dir

So atme ich noch mal
den süßen Duft von Deinen Haaren
Spür wie Dein Körper
Langsam nah an meinen kriecht
Und wie Dein Mund sich strafft
Mit sicherem Gebaren
empfang ich Deine Liebe
und das junge Sonnenlicht

Bis wir erschöpft
erneut die müden Augen schließen
Im Traum des Glücks
so nah wie nie vorher
Ein Spatz am Fenster
pfeift lustig, froh
Er will uns wohl begrüßen
Und in der Ferne rauscht
das wilde raue Meer

Nach zwanzig Jahrn

Nach zwanzig Jahrn sah ich sie wieder
Ich hätt sie beinah nicht erkannt
Ich sah sie an, hört' unsre Lieder
Vor zwanzig Jahrn im Wunderland

An jenem Strand, auf fernen Meeren
entbrannte unsre Liebe heiß
Spürt' ihren Blick, den sanften, leeren
Hör ihre Stimme noch ganz leis

Da war so viel, das uns verbunden
So manche Nacht, so manche Zeit
Wir hatten dort die schönsten Stunden
Erinnerungen, die so weit

Ich wollte weinen, lachen, fliehen
an jedem Tag, der neu begann
Wär auf der Insel gern geblieben
Dort, wo wir endlos glücklich warn

Aus uns sind Fremde wohl geworden
Das Meer spült die Erinnerung fort
Was ist in mir, in ihr gestorben
Wo blieb der märchenhafte Ort

Spürte beim Abschied ihre Lippen
Im Abendwind – dort, am Gestad
Ein Donner stieg über die Klippen
und durch mein Herz, das längst erstarrt

Wie Eis schien mir der nächste Morgen
Saß im Hotel noch an der Bar
Im Herze noch die alten Sorgen
Mein Kopf, so schwer und nichts mehr klar

Mein Flieger ging in zwei drei Stunden
Ein letztes Mal triebs mich zum Strand
Doch hab ich sie nicht mehr gefunden
Nur ihre Spur blieb mir im Sand

Viel später, auf der langen Reise,
las ich den Brief, den sie mir gab
„Ich lieb Dich noch", stand da ganz leise,
„weil ich Dich nie vergessen hab"

Es war vor zwanzig langen Jahren
Jetzt ist mir klar: *Es ist vorbei*
Dort, wo wir einstmals glücklich waren,
blieb übrig nur ein *„Einerlei"*

Letzter Sommer

Es war ihr letzter Sommer
Der Wind verwehte sanft ihr Haar
Der Himmel schien so endlos klar
Am Strand verlor sich bald ihr Schritt
Die Flut kam schnell und nahm sie mit
Es war ihr letzter Sommer
So schön, wie keiner war

Es war ihr letzter Sommer
Sie war so jung, sagt man, und klug
Ihr Lächeln, einst mir schon genug,
rein und sanft und tränenschwer
Doch blieb ihr Blick so starr und leer
Es war ihr letzter Sommer
Als hoch die Brandung schlug

Es war ihr letzter Sommer
Ihr Haus stand auf den Klippen hoch
Woher sie kam – sie schriebs mir noch
Wohin sie ging und was sie sucht´
bleibt unbekannt,
bleibt ohne Sinn
Es war ihr letzter Sommer
Ich lieb sie immer noch

Träume der Erinnerung

Schön wars in der großen Stadt
Job, Familie – wunderschön
Dort wo keiner Namen hat
lebten sie in jener Stadt
So sollts immer weiter gehn

Doch seit kurzem träumte sie
von dem Ort, der endlos weit
Sah die Kirche, Wald und See
Manche Nächte träumte sie
von der fernen Seligkeit

Sie verstand die Zeichen nicht
Doch es zog sie magisch fort
Und sie sah im Traum ein Licht,
hatte Tränen im Gesicht
Wo nur lag dies Land, der Ort

Mehr und mehr wollt sie dorthin
Alles schien ihr so bekannt
Wo nur lag des Traumes Sinn
Warum wollte sie dorthin
In dies wundersame Land

Eines Tages brach sie auf
Nahm die Tasche wie in Trance
Nahm den Abschied selbst in Kauf
Schweigend brach sie einfach auf
War das ihre letzte Chance

Auf dem Weg durch Traum und Zeit
kam nach Irland sie bei Nacht
Lang schien dieser Weg und weit
Irgendwo am Rand der Zeit
wurde sie nach Haus gebracht

In dem kleinen Dorf am Meer
sah es aus wie in dem Traum
Kirche, Wald – sie wollt hierher
In das kleine Dorf am Meer
In das Haus beim Mandelbaum

Nichts war hier wie in der Stadt
Ruhm und Reichtum gabs hier nicht
Wichtig war nicht, was man hat
Wichtig nicht die ferne Stadt
Nur des Mondes fahles Licht

Auf dem kleinen Friedhof dort
stand sie an dem fremden Grab
Hier an diesem stillen Ort
trug sie die Erinnerung fort
Las die Inschrift, die schon matt

Da durchfuhr ein Blitz ihr Hirn
Und sie wusste es genau
Ihre Mutter lag hier drin
Ja, ihr Traum zog sie hierhin,
zu dem Grab der toten Frau

Und sie fühlte sich so gut
Goss die Blumen vor dem Stein
Hatte wieder Lebensmut
Denn sie fand ihr eigen Blut
Ihre Seele wurde rein

Plötzlich hörte sie von fern,
wie die Mutter leise sang
„Ach, mein allerliebster Stern,
kamst zu mir, doch ich bin fern.
Kamst zu mir, zum weißen Strand"

Lange saß sie noch am Grab
Und sie küsste sanft den Stein
Dort, wo's keine Zeit mehr gab
Dort an Mutters kleinem Grab,
konnt sie endlich glücklich sein

Als sie wieder heimwärts zog,
war voll Liebe sie und Kraft
Und ein Silberwölkchen flog
übers Meer, auf dem sie zog
Ja, sie hatte es geschafft

Und daheim - dort, in der Stadt
hatte sie den Sinn erkannt
Wer im Herz sein´ Mutter hat,
braucht nicht Geld, nicht Ruhm und Stadt
Nur manch´ Traum
Und Mutters Hand

Sie

Sie lebte in der großen Stadt
Irgendwo, ganz mittendrin
Dort gabs Hektik, Sünde satt
Dort, in dieser großen Stadt
Machte so das Leben Sinn

Guter Job, manch' Date, viel Geld
Ja, sie lebte ihren Traum
Dort, in dieser großen Welt,
zählte nur das große Geld
Für die Liebe reicht' es kaum

Irgendwann, November wars,
kam sie wieder müde heim
Nach den Drinks in tausend Bars
kam sie heim, November wars
Sie stand da und war allein

Hier auf diesem langen Flur,
schaute sie sich traurig um
Überm Spiegel diese Uhr
Und die Kälte hier im Flur
Und sie weinte leis und stumm

Sollte das schon alles sein
Jeden Tag der gleiche Trott
Immer nur alleine sein
Ungezählte Flaschen Wein
Und so manch versteckter Spott

Plötzlich spürte sie ganz tief
einen Stich und einen Schlag
Irgendetwas nach ihr rief
Irgendwann in ihr, ganz tief
Irgendwo in dieser Stadt

Was, wenn sies nicht einfach tut
Alles sollte anders sein
In ihr keimte neuer Mut
Was, wenn mans nicht einfach tut
Fort mit Geld und Nacht und Wein

Schließlich kam ein neuer Tag
Sie sprang nicht aus ihrem Bett
Als man hektisch nach ihr fragt',
legte sie den Hörer ab
Machte Frühstück, richtig fett

Dann rief sie den Makler an,
gab die teure Wohnung auf
Auch der Bentley glaubte dran
Und die Weinflaschen sodann
Und ihr alter Lebenslauf

Sie zog fort aus jener Stadt,
kaufte sich 'ne kleine Farm
Plötzlich ging so vieles glatt
Jenseits dieser kalten Stadt
Und sie fühlte sich nicht arm

Bald zog Frühling übers Land,
und ein Fischer stand am Fluss
Sie hielt fest nur seine Hand
Ja, ein Fischer kam aufs Land
Und er gab ihr einen Kuss

Was für eine gute Zeit
brach da an, für sie und ihn
Sie entschied, es war soweit
Mut zu einer neuen Zeit
Mut zu einem Neubeginn

Ihre Kinder gaben Kraft
Leben kam zu ihr zurück
Ja, sie hatte es geschafft
In sich selbst fand sie die Kraft
und die Liebe und das Glück

Phoenix

Traf Dich in der großen Stadt
Dort in Phoenix, irgendwo
Dort, wo keiner Namen hat
Irgendwo in dieser Stadt
Fragt' ich Dich ganz einfach so

Dein Gesicht, Dein blondes Haar
Und Dein Lachen- sonderbar
Alles war wies niemals war
Wie Dein Lachen unterm Haar
Wollte bleiben, völlig klar

Ach, wir tanzten durch den Tag
Durch die wundervolle Stadt
Dort, wo keiner Namen hat
Sangen wir durch diese Stadt
Und wir stellten keine Frag

Irgendwann der erste Kuss
Blondes Mädchen, irgendwo
Niemand dachte an den Schluss
Dort in Phoenix dieser Kuss
Und wir waren glücklich, froh

Da, im Radio, dieser Song
Deine Stimme war's, ein Traum
Phoenix, Du, nun komm doch schon
Oh mein Gott, was für ein Song
Und wir kannten uns doch kaum

Doch mein Herz schlug anderswo
Wollt nach Westen weiter ziehn
Ja, wir waren glücklich, froh
Blondes Mädchen irgendwo
Du warst unbeschreiblich schön

Eines Tags, da spürte ich
Dieses Fernweh nach Asphalt
Wusste doch, ich liebe Dich
Doch es schien absonderlich
Phoenix macht mich nicht mehr alt

Lächelnd nahm ich Deine Hand
Küste Deine Tränen fort
Als mein Pickup dann verschwand
Winktest Du mit schwerer Hand
Und bliebst stehn noch lang am Ort

Phoenix lag lang hinter mir
Musst' nach Westen weiter ziehn
Irgendwann, so gegen 4
Schrieb 'ne SMS ich Dir
Willst Du denn nicht mit mir gehn

Doch du schwiegst, mein Phone blieb stumm
Und ich war schon weit, so weit
Dachte schon, Du nimmst mirs krumm
Diese Trennung, die so dumm
Lang vorbei schien unsere Zeit

Da, im Radio, dieser Song
Diese Stimme, das warst Du
Riefst nach mir, nun komm doch schon
Oh mein Gott, was für ein Song
Und vorbei war's mit der Ruh

Wendete den Wagen schnell
Fuhr zu Dir, mein Phoenix-Star
Jene Stund war hell, so hell
Fuhr zu Dir, nach Phoenix schnell
Plötzlich schien das Leben klar

Irgendwo am Straßenrand
Standst Du noch und winktest mir
Habe Dich sofort erkannt
Tränenschwer am Straßenrand
Jetzt bleib ich für immer Dir

Traf Dich in der großen Stadt
Dort in Phoenix, irgendwo
Wo das Glück ´nen Namen hat
Dort in dieser Riesenstadt
Wurden wir gemeinsam froh

Und der Westen blieb nicht fern
Nach Los Angeles wir zwei
Blondes Mädchen, Du mein Stern
Hollywood war nicht mehr fern
Phoenix machte uns so frei

Immer auf der langen Fahrt
Mal nach West und mal nach Süd
Unsre Herzen blieben stark
Wir zwei auf der großen Fahrt
Weil ich Dich für ewig lieb

Eine Frau

Mit einem Ordner in der Hand,
auf einer Angeklagtenbank,
saß sie, so jung und traurig noch
Man schob sie ab ins finstre Loch

Drei Kinder waren tot, so tot
Man sah es nicht, sie war in Not
Sie hat die Leichen gut versteckt
Weil man die Toten nicht mehr weckt

Ganz still gebar sie alle drei
Und keiner sah wohl zu dabei
Ihr Mann verdiente Geld, weit fort
Er war wohl stets am fremden Ort

Die Totgeburten warn so schlimm
In keinem Kind war Leben drin
Ganz leis gebar sie alle drei
Beim Sterben war niemand dabei

Die Einsamkeit im Heimathaus
hielt sie sie so selten tapfer aus
Sie war nicht schlecht und auch nicht dumm
Und saß nie hilflos einfach rum

Sie sehnte sich nach Harmonie
Gefunden hatte sie das nie
Sie weinte auch und wurde hart
Ob manches Leben Sinn noch hat

Acht Jahre Knast, der Richterspruch
Die enge Zelle scheint ihr Fluch
Manch Zigarettenlängen sind
vielleicht Ersatz fürs tote Kind

Dort wo kein Glück die Träume weckt
hat sie sich Tränen gut versteckt
Ein viertes Kind bekam sie dann
Es blieb bei ihrem fernen Mann

Im Fenstergitter pfeift ein Wind
Sie schaut hindurch und weint und singt
Sie war so jung und traurig noch
Und saß allein in diesem Loch

So manche Frau bekommt ein Kind,
dass nicht mehr lebt und stirbt geschwind
Es bleibt ein Ordner, dort im Schrank
Und manche Angeklagtenbank

Letzter Sommer

Es war der letzte Sommer
Am Fluss sang sie so gerne
Ein Fisch kam da geschwommen
Und eh der Tag verronnen
Da zählte sie die Sterne

Es war der letzte Sommer
Ihr Lächeln barg den Tod
Ich hab sie gern gesprochen
Es gingen Tage, Wochen
So manches Abendrot

Es war der letzte Sommer
Sie winkte mir kurz zu
Ich hör sie heut noch singen
Ihr Lied wird nie verklingen
In abendlicher Ruh

Es war ihr letzter Sommer
Und einsam ists am Fluss
Sie ist so sanft gestorben
So ohne alle Sorgen
Für sie ein Abschiedsgruß

Die Königin

So unnahbar, so kühl, so still
Brilliert sie vor dem Goldpalast
Die Königin weiß, was sie will
Und doch ist sie so seltsam still
Man hisst die Flagge hoch am Mast

Man krönt ihr Haupt und jenes Land
Sie lächelt leicht – ihr Blick scheint starr
Sie ist auf dieser Welt bekannt
Sie kommt aus einem Königsland
Von dort, wo's niemals anders war

Sie schreitet die Parade ab
Das Militär steht kampfbereit
Und weil sie viel zu sagen hat,
fährt sie recht schnell zur Fuchsjagd ab
Ihr Tag verschlingt wohl sehr viel Zeit

Auf ihrem Schiff fährt westwärts sie
Die Flotte ist ihr Stolz, ihr Ruhm
Ein lauer Wind weht irgendwie
Voll Würde trägt die Krone sie
Es gibt im Ausland viel zu tun

Wenn sie dem Volk sich zeigen will
ist die Kalesche gut und klug
So unnahbar, so seltsam kühl
Wenn sie Kalesche fahren will,
ist Königin sie nie genug

Fast unnahbar, so kühl, so still
So krönt sie doch ein edles Land
Ja, sie ist Königin mit Stil
Und scheint manchmal so seltsam still
Und ich verneig mich
Unerkannt

Die Tänzerin

Irgendwie verklärt vielleicht
Eine Träne noch im Aug
Ist berühmt sie
Ist sie reich
Manchmal traurig auch
Vielleicht
Es ist ihre beste Schau

Ach, es war 'ne schwere Zeit
Harte Arbeit, viel Verzicht
Heut ist sie vom Glück nicht weit
Nein, sie fühlt sich nicht befreit
Streng manch' Züge im Gesicht

Viele Fragen wiegen schwer:
War es richtig
War's nicht gut
Ist sie heute wirklich wer
Ach, ihr Leben wiegt so schwer
Soviel Tanz liegt ihr im Blut

Düster scheint die Bühne jetzt
Nur Musik erklingt ganz leis
Ja, sie tanzt so unverletzt
Leicht und schön und nicht gehetzt
Ihr *Tutu* ist strahlend weiß

Und sie tanzt für sich allein
Nur ein Licht strahlt sie noch an
Warum stets alleine sein
Warum niemals Sekt und Wein
Schaut sie wirklich niemand an

Da bemerkt sie einen Blick
Er ist stark und trifft sie sehr
Und ganz langsam, Stück für Stück,
tanzt sie hin zu jenem Blick
Fühlt dabei sich traurig, schwer

Es ist eine fremde Frau
Ihr Gesicht im Schatten liegt
Doch ihr Blick ist sehr genau
Wer ist jene fremde Frau
Woher hat sie diesen Blick

Als sie näher tanzt und schaut,
staunt sie, denn die Frau vor sich
ist sie selbst, so sehr vertraut
Und sie weint und staunt und schaut
Sieht ihr eigenes Gesicht

Niemand sonst ist wohl zu sehn
Jenseitig von Traum und Show
Ach, sie tanzt so wunderschön
Möcht nicht von der Bühne gehn
Doch die Fremde scheint nicht froh

Da, das Licht verlischt ganz sacht
Und die Schau ist aus, *vorbei*
Längst ist es nach Mitternacht
Da geht aus das Licht ganz sacht
Aller Tanz scheint einerlei

Regungslos und leichenblass
geht sie von der Bühne schnell
Spürt nicht Trauer oder Spaß
Draußen ist es regennass
Nacht ist es und gar nicht hell

Plötzlich spürt sie es genau:
Tanzen ist ihr größtes Glück
Niemals war ihr Leben grau
Und es lacht die fremde Frau
Leicht tanzt sie zur Show zurück

Wir hatten diese Zeit

Wir hatten diese Zeit
Jenseits aller Regeln
Dort in San Diego
An diesem wundervollen
Strand der Seligkeiten
Du bist mir im Herzen
Noch geblieben
Und wirst es immer sein
Und bist doch fort
So weit
Dort in San Diego
In dieser wundervollen
Stadt der schönsten
Märchen

Ein Lied für Dich und mich
Ich hör es noch
Und sing es leis
Es war wohl unsere Zeit
Dort in San Diego
An diesem geheimnisvollen
Strand aller Sehnsüchte
Und aller Träume
Die wir hatten
Ja, wir hatten diese Zeit
Sie ist für immer in mir
Und auch in Dir
Wie dieses Märchen

Wohl wird sie wieder sein
Jene Zeit mit uns
Ich werde wieder da sein
Bei Dir
Dort in San Diego
An jenem weißen
Strand der Hoffnungen
Dann werden wir uns küssen
Lieben und uns nie mehr
Trennen
Ich summ noch unser Lied
Dort in San Diego
Ja, wir hatten diese Zeit
Der unbeschreiblich
Schönen Träume
Die Zeit wird wiederkommen
Dann werden wir zusammen sein
Dort in San Diego
In unserem Märchen

Wilde Wellen

Wilde Wellen kräuseln sich
Bis zum Strand in jener Bucht
Wolken trüben schon das Licht
Regen schlägt mir ins Gesicht
Hab so lang nach dir gesucht

Blitze zucken in den Sand
Meine Spur verwischt sehr schnell
Ungastlich der leere Strand
Ich dich nirgendwo mehr fand
Und noch immer wird´s nicht hell

Donner knallt durch Mark und Bein
Wütend tobt das Meer, der Sturm
Nein, hier will ich nicht mehr sein
Du bist fort – ich bleib allein
Schwach fällt Licht
Vom fernen Turm

Dort in San Diego

Werden wir uns wiedersehn
Dort in San Diego
Da am Strand
Werden wir uns noch verstehn
Wenn die Winde stärker wehn
Dort in San Diego
Im Ufer-Sand

Werden wir zusammen sein
Dort in San Diego
Da im Glück
Werden wir ein Paar dann sein
Bleiben wir dann doch allein
Dort in San Diego
Nur ein Stück

Ja, ich weiß, es wird so sein
Dort in San Diego
Da am Strand
Keiner bleibt mehr lang allein
Ja, wir werden glücklich sein
Dort in San Diego
Wo ich dich fand

In der Bucht

Ein Sommer war's am fernen Strand
Ich lief durch sonnenheißen Sand
Da sah ich sie allein am Meer
Ihr Haar so blond, ihr Blick nicht leer

Allein lag sie im Sommerwind
beim Sonnenschirm, der grünlich-lind
Ich sah sie an, mein Herz schlug hoch
Ich wollt sie kennenlernen doch

Sie schwieg und lächelte sodann,
in jener Bucht, wohl irgendwann
Das Meeresrauschen zog sie fort
von dieser Bucht, von jenem Ort

Wild flirrte Hitze da um mich
Im Wasser sie, am Strande ich
Verklärte Bucht, die menschenleer
Und nur wir zwei, sonst niemand mehr

Sie kam zurück, ich küsste sie
Wir sprachen nichts dort an der See
So lang hab ich nach ihr gesucht,
in der geheimnisvollen Bucht

Dann ging sie fort, zu schnell, zu wild
Ihr Sonnenschirm – vom Wind zerknüllt
Ich lief ihr nach, doch fand sie nicht
Im Geist zerfloss ihr Angesicht

Der Strand war leer, die Bucht blieb tot
Manch´ Abendhimmel ganz in Rot
Am weißen Strand, in jener Bucht,
hatt ich so lang nach ihr gesucht

Ein Sonnenschirm nur von ihr blieb
Mein Herz zersprang, ich hatt sie lieb
Verweht die Spur von ihr im Sand,
dort in der Bucht, wohl irgendwann

Berührung

Kalter Wind peitscht tote Felder
Unruhig die dunklen Wälder
Träume ziehen durch die Nacht
Hab so oft an dich gedacht

Plötzlich, da, ein greller Blitz
Du bist da, es ist kein Witz
Wir berühren uns ganz sacht
Hier in dieser Regennacht

Fast vergessen all die Trauer
Und so mancher Regenschauer
Küsse dich und halt dich fest
Gleich, ob Regen uns durchnässt

Lächelnd löst du dich von mir
Schwebst davon
Bleibst nicht mehr hier
Hebst deine Hand sanft in den Fernen
Ziehst davon bis zu den Sternen

Kalter Sturm schlägt durch die Felder
Und ich spür – es wird noch kälter
Du bist fort
Weit in der Nacht
Hab so oft an dich gedacht

Unterm Mandelbaum

An diesem wunderschönen Tag werd ich dich treffen
Am wilden Fluss nur allein mit dir
Was für ein wundervoller Traum
Nur deine Schönheit kann dies alles hier bestechen
Am wilden Fluss so gegen Viertel 4
Unter unserm blütenschweren Mandelbaum

Erinnerungen an die besten Lebenszeiten
tief im Glück
Du gabst mir beinah alles wieder
Was für ein märchenhafter Traum
Du brachtest alles Leben
und die große Liebe mir zurück
Und wir sangen all die schönen alten Lieder
Unter unserm zauberhaften Mandelbaum

Irgendwo in meinen und in deinen Sommerlieben
fanden wir uns wohl für ewig, ach
Was für ein sonderbarer Traum
Dieser Tag hat sich tief
in unsre Herzen eingeschrieben
Und wir lagen bis zum Mondenscheine wach
Dort unter unserm allerschönsten Mandelbaum

Doch musst du wohl gehn in jene viel zu ferne Ferne
Liebe gibt es hier vielleicht nie mehr
Mir bleibt nur noch ein endlos schöner Traum
Und in der Nacht
erfrieren all die vielen unbekannten Sterne
Der dunkle Himmel scheint so hoffnungslos und leer
Unter unserm einsam wachenden Mandelbaum

Schmetterlinge

Schmetterlinge in der Nacht
Ungesehen fliegen sie
Wenn am Tag die Sonne lacht
Leuchten sie in bunter Pracht
Nachts sah ich sie bisher nie

Schmetterlinge in der Nacht
Flattern so geheimnisvoll
Märchenhaft in dunkler Pracht
Schmetterlinge in der Nacht
Sind so frei und ohne Groll

Schmetterlinge in der Nacht
Künden mir vom nahen Glück
Setzen sich auf mich ganz sacht
Haben Hoffnung mir gebracht
Meinen Traum
Ein kleines Stück

Wenn

Wenn am Berg die Veilchen stehen
Und erblühen und sich wiegen
In dem lauen Frühlingswind
Werd ich wieder mit Dir ziehen,
Durch die Täler, über Höhen,
Bis die klare Nacht beginnt

Und am Fluss will ich Dich küssen
Und es sagen und es wissen,
Dass Du mich noch immer liebst
Ja, der Morgen wird uns grüßen
Nach dem heißen, nach dem süßen Frühlingsstrom,
Der in uns fließt